AF494355

PAUL GUILLEMIN

# Les Refuges Alpins du Dauphiné

INAUGURATION DU

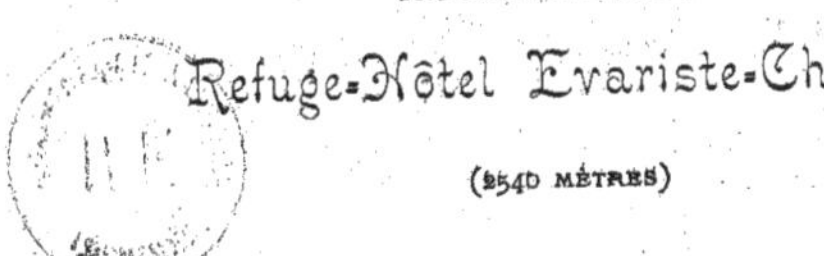

Refuge-Hôtel Evariste-Chancel

(2540 MÈTRES)

*Illustrations de MM. Gustave Chancel, P. Guillemin, E. Hareux, Martinotto, Renard-Brault et Miss Richardson.*

A BRIANÇON
CHEZ LES PRINCIPAUX LIBRAIRES

1894

# EN DAUPHINÉ

LES

# Refuges Alpins du Dauphiné

## INAUGURATION DU REFUGE CHANCEL

M. EVARISTE CHANCEL
Député des Hautes-Alpes

*(Buste de Marcellin.)*

Dès sa fondation, le Club-Alpin français s'est appliqué à semer dans les montagnes des refuges modestes qui ont bien vite conquis la faveur des touristes. Le Haut-Dauphiné, où les courses sont longues, en raison de la raideur des escarpements, de la nature tourmentée des glaciers et de l'abondance fâcheuse des moraines, a été surtout favorisé à cet égard.

Ces refuges suffisaient et suffiront toujours aux alpinistes de marque que séduit l'isolement dans la montagne; mais sur certains points et en raison du développement pris en Dauphiné par le tourisme, il a fallu songer à faire mieux; c'est ainsi que de véritables et excellents hôtels ont été créés: à la Bérarde en 1887, par la Société des Touristes du Dauphiné, et à Belledonne en 1889, par la Section grenobloise du Club alpin.

Un nouveau progrès a été réalisé depuis et il est dû à l'ingéniosité et aux efforts de notre collègue du *Gratin*, M. Joseph Lemercier, juge d'instruction au tribunal de la Seine; nous entendons parler des Refuges-Hôtels. Ce sont de vastes chalets en bois, construits à Paris avec des matériaux choisis, expédiés par chemins de fer, montés à dos de mulets ou à dos d'hommes, puis mis en place par des ouvriers spéciaux. Ils contiennent plusieurs pièces garnies de couchettes-paquebots, une chambre pour les dames, une vaste salle à manger, ainsi qu'un logement pour le gérant et les guides.

Le premier Refuge-Hôtel a été inauguré en 1892 à l'Alpe du Villard d'Arène, par la Section de Briançon; sa fortune a été rapide. Charmés par la beauté du site, retenus par l'excellente cuisine bourgeoise de Madame Castillan et la modicité des tarifs, (Repas: 3 fr. 50. vin compris; coucher: 1 fr. 50; séjour: 6 fr.) les touristes ont afflué. Ainsi encouragé, le Club alpin de Briançon a construit, cette année même, à la Grave, un deuxième Refuge-Hôtel et nous allons nous reporter au 26 aout, jour de la fête d'inauguration.

Jeté comme un gigantesque rideau, le glacier du Mont-de-Lans couvre une partie de la chaîne comprise entre le Vénéon et la Romanche; sa longueur dépasse six kilomètres; c'est le glacier le plus vaste de la France. La traversée en est facile, mais les accès en sont un peu durs; aussi, de bonne heure, trois Refuges furent-ils élevés dans le vallon de la Selle, au lac Noir et à la Lauze. La course étant devenue définitivement classique et adoptée par les dames, un nouvel effort fut fait, et dans le mois de juillet, le Refuge-Hôtel Evariste-Chancel a été établi à une altitude de 2540 mètres, à trois petites heures de la Grave, et à l'entrée même du glacier.

Nos amis Chancel sont trop connus et aimés dans

le *Gratin* pour qu'il soit utile d'expliquer longuement le nom attribué au Refuge. M. Evariste Chancel, qui fût député des Hautes-Alpes, a été dès le premier jour l'appui moral et financier du Club alpin briançonnais ; en outre, Mme Chancel a fait don d'une somme de 4000 francs qui a servi à payer une partie des dépenses de la construction nouvelle.

Nous sommes donc au dimanche 26 août; à pied, à cheval, ou à mulet, faisons escorte à Henri Second qui a publié, dans la *République Française* du 31 août, un compte-rendu pittoresque de la fête. De grand matin les caravanes commencent à s'échelonner le long du sentier; le sauvage défilé des Gorges est vite franchi et une rapide promenade à travers les mélèzes et les prairies nous porte au célèbre lac de Puy-Vacher, échantillon souriant des lacs alpins, « délicieuse coupe d'émeraude que l'ombre des montagnes formant cadre estompe de rose et de violet, et où dort une eau couleur d'absinthe, à peine frémissante sous la chute de deux magnifiques cascades descendant en lacets perlés ». (Stéphane Juge; *Lyon-Républicain* du 29 septembre). Un dernier et léger effort et nous atteignons le Refuge.

Quand nous arrivons, un soleil éblouissant fait flamboyer les glaciers du Lac, du Tabuchet et des Grandes-Rousses; au loin, dans une lumière d'un gris doux et tendre se dressent les montagnes du Galibier, des Arves, du Goléon, de la Part et des Sept-Laux ; lancée à plaisir par-dessus le sombre mur du Peyrou d'Amont, la Meije montre sa tête ; la Meije, la sublime montagne que viennent adorer les alpinistes du monde entier ; — le mot est de Henri Second, le chantre journalier des Alpes dauphinoises.

Le Doigt de Dieu
(*D'après Miss Richardson.*)

La journée sera belle dans ce site choisi ; le printemps s'est d'ailleurs attardé dans ce coin des Alpes; les tapis de gazon qui recouvrent les antiques moraines ont gardé toute leur fraîcheur, les airelles sont bonnes à manger, et mille fleurs rares ouvrent encore leurs corolles ; d'autres commencent à peine à mûrir leurs fruits. A quelques pas, par une brusque transition, s'ouvre le royaume des glaces et toute végetation expire.

Avons-nous dit que la veille, un feu d'artifice superbe avait été tiré sur la terrasse du Refuge par Gustave Chancel, que les bombes nous répondaient de la Grave, et que toute la nuit on avait veillé pour offrir le champagne aux visiteurs nocturnes ?

La situation du Refuge est délicieuse; le confortable intérieur ne laisse rien à désirer ; attablés dans la salle à manger où le jour entre à flots par un immense vitrage, nous nous rafraîchissons, tout en faisant connaissance.

Nous avons la bonne fortune de rencontrer, jouant de la palette depuis un mois dans ces parages élevés, trois peintres éminents, MM. Hareux et Renard-Brault qui brossèrent le panorama de Grenoble, et M. l'abbé Guiguet, élève de Guétal et son successeur au Rondeau.

Cependant les fidèles réclament la messe. Les portes, les fenêtres, les draps, les couvertures du Refuge prennent une destination inattendue et servent à dresser contre un rocher le plus agreste des autels ; des mélèzes sont plantés harmonieusement ; sous les doigts habiles de M. Renard, les fleurs naturelles courent en guirlandes sur les draperies ; tout est paré ; quant au fond de cette scène, admirable dans sa biblique simplicité, la nature nous le donne avec le glacier du Lac qui resplendit et les dentelures du Râteau que l'ombre enveloppe encore.

Une bombe éclate et M. l'abbé Guiguet dit la messe ; approchons ; voici les alpins qui dressent leurs hautes tailles pour mieux voir ; voici, pieusement agenouillés, les *Graverots*, les *Taburlins* et les *Faranchins* qui ont quitté les hameaux pour se joindre à nous ; voici les photographes embusqués dans les rochers et qui rateront tous leurs clichés ; mais voici heureusement M. Renard ; en quatre coups de pinceau il brosse une ravissante esquisse qui reparaîtra au Salon sous une autre forme.

La messe dite, M. l'abbé Faure gravit les marches de l'autel ; il a quitté sa cure lointaine pour nous apporter la bonne parole. Il n'est pas seulement le meilleur, le plus saintement charitable des prêtres ; il est aussi un orateur sacré remarquable. Je donne ci-après son sermon qui a été sténographié ; mais à cette sèche reproduction, il manquera le décor sans limites, la lumière éclatante du ciel, la voix qui d'abord tremble, s'échauffe peu à peu et parvient à tous, le geste qui semble aller jusqu'aux montagnes : l'impression reste inoubliable.

*Levavi oculos meos in montes undè veniet auxilium mihi.* J'ai levé mes yeux vers les montagnes; car c'est de là que me vient la force et le courage.(Psaume 120).

Mes frères : — A mesure que nous avançons dans la vie

Glyptographie SILVESTRE & Cie, 97, rue Oberkampf.

DANS LES GLACIERS DE LA MEIJE.

BENÉDICTION DU REFUGE-HOTEL EVARISTE CHANCEL

*(Fusain de MM. Hareux et Renard-Brault.)*

et que la carrière à parcourir semble s'abréger, nous nous reportons en arrière et nous voyons en esprit les principaux évènements passés, semblables au touriste qui, s'étant assis sur une touffe de verdure ou sur une pierre, se repose et contemple avec satisfaction les prairies qu'il a parcourues, les torrents qu'il a franchis, les difficultés qu'il a vaincues. Or, parmi les apparitions du passé, parmi les souvenirs qui m'ont tenu compagnie dans la solitude et qui ont fait luire dans mon âme quelques rayons de soleil, se placent au premier rang trois jolies fêtes du Club Alpin : la bénédiction du refuge Vignet-Trouvé à Rochebrune, le 11 août 1884 ; la bénédiction du refuge Chancel au glacier du Monêtier, et enfin, comme bouquet, la délicieuse journée du 12 août 1886, à Notre-Dame-des-Neiges. De mon presbytère de la Saulce, je ne puis pas apercevoir ces montagnes aimées ; mais je les vois avec les yeux du cœur et j'y vois aussi tous les amis qui étaient présents à ces fraternelles réunions. Un bon nombre de ceux-là assistent à la fête d'aujourd'hui. Quelques-uns, parmi lesquels M. Abel Lemercier et M. Louis Vignet, tous les deux très-attachés à notre Section et à nos Alpes, ont fait la grande ascension à laquelle ils s'étaient préparés par une longue vie chrétienne. Faisons pour eux une prière : la fête n'est complète que lorsque les absents et les morts y ont aussi leur part.

Vous avez voulu qu'il y eût encore un beau jour dans ma vie, et voilà pourquoi vous m'avez convié à cette fête et désigné pour faire descendre les bénédictions du ciel sur ce nouveau refuge, précieux par les services qu'il rendra aux voyageurs de la haute montagne, et cher à tous par le nom que vous lui avez donné. Les noms ne sont pas indifférents au sort des personnes et des choses ; et de même qu'un nom sympathique attire, incline les cœurs vers celui qui le porte, ainsi le nom de M. Evariste Chancel fera aimer cet asile et sera un attrait de plus pour les visiteurs. Du reste, le nom n'est pas un vase vide ; il renferme un parfum de l'âme, parfum d'affabilité, de délicatesse, de dévouement, de dignité. Pour mon compte, — et je crois que beaucoup sont dans le même cas — je me sens lié très-intimement à cette maison de planches où est écrit un nom qui a acquis bien des droits à ma reconnaissance et à celle du pays ; et les grimpeurs des glaciers peuvent être assurés que je serai là souvent par la pensée et que mes prières les accompagneront dans leurs périlleuses excursions.

A côté du nom de notre vénéré parrain on pourrait écrire deux autres noms qu'il aimait et qui résument les aspirations du Club Alpin : Dieu et Patrie.

Dès que l'on s'élève et que la vue embrasse un horizon plus étendu, l'œuvre divine apparaît plus majestueuse, plus imposante ; on est saisi d'admiration et instinctivement on sent monter aux lèvres ces paroles de l'*Écriture* que Mgr Berthet a prises pour devise : «*In altis dominus*» ; le Seigneur se révèle dans les hauts lieux, paroles qui lui avaient été sans doute suggérées par la vue de ces gigantesques sommets qu'il avait chaque jour sous les yeux, de son pays natal des Hyères. On dirait même que notre nature humaine, en s'élevant, se spiritualise, se dépouille de tout ce qui est une entrave à la pensée et à l'amour et que la créature grossière et chétive redevient ange du ciel.

*Borné dans sa nature, infini dans ses vœux,*
*L'homme est un Dieu tombé qui se souvient des cieux.*

Un Dieu tombé qui s'efforce de se relever et de remonter dans les régions d'où il est venu. L'infini est en nous ; l'infini nous presse et nous entraîne en dehors et au-dessus de nous. Ah ! Si nous n'étions pas chargés d'un fardeau de chair nous monterions plus haut que la Meije, plus haut que le Mont-Blanc ; nous monterions plus haut que le soleil, jusqu'aux étoiles des étoiles. C'est un de vos plus beaux titres de gloire, Messieurs et Mesdames du Club Alpin, de vous ingénier pour donner satisfaction à ce besoin sublime de l'homme et c'est votre gloire à vous aussi, chers guides et porteurs, anges gardiens en chair et en os, qui donnez la main aux voyageurs inexpérimentés, à travers les sentiers de l'immensité.

La montagne mène à Dieu ; elle mène aussi à la vertu. Elle nous apprend à vivre de la vie familiale, intime, entre personnes de conditions différentes, de la vie la plus rude, la plus pénible qui se puisse imaginer ; elle nous apprend à supporter la réverbération brûlante des glaciers ; la bise glaciale des cols, les explosions de la foudre, les brouillards épais, les orages et les tempêtes, et l'arrivée de la nuit arrêtant le voyageur au bord de quelque précipice, quelquefois aussi la faim, la soif, des blessures aux mains et aux pieds, sans espoir de rencontrer à ces hauteurs quelque charitable samaritain qui nous fasse monter sur son cheval.

O mon Dieu ! soyez propice aux touristes ; ce sont des vaillants et des braves. Ne permettez pas qu'un exercice de vie devienne un exercice de mort. Nous acceptons bien que la montagne — comme toutes les affections fortes — nous prenne quelques gouttes de notre sang et même quelques lambeaux de notre chair, mais nous ne voulons pas qu'elle se montre exigeante au point de prendre la vie de ses meilleurs amis. Ils ne sont pas à elle ; elle n'a pas le droit de les ensevelir dans ses flancs ; ils appartiennent à leur patrie, à leurs épouses, à leurs enfants. Qu'elle le leur dise ; qu'elle leur rappelle — elle qui est vieille et qui a l'expérience, ayant été témoin de nombreux accidents — que le courage n'est plus que de la vanité lorsqu'il dépasse les limites de la prudence. *Ne quid nimis.*

Qu'importe si vous n'avez pas atteint le sommet ; il y a des défaites qui valent mieux que des victoires.

En formant des corps vigoureux, des âmes fortement trempées, vous tous, mes amis, vous préparez à notre pays d'invincibles soldats. En faisant connaître nos Alpes Briançonnaises, qui n'existaient autrefois que pour les géographes, vous leur avez donné une vie, une physionomie réelle et vous avez ainsi agrandi et ennobli la France, en lui découvrant un diamant de plus ; les larges glaciers, les pics dénudés, il a y vingt ou trente ans, visités seulement par les chamois et les aigles, ont été étudiés, explorés et l'on a compris, grâce à vous, que ces horribles parages renfermaient d'incomparables merveilles. Vous avez montré que ce que l'on allait chercher en Suisse, au Mont-Rose, au Mont Cervin et ailleurs, on le possédait chez soi, sur le territoire de France, pas plus riche, pas plus beau, peut-être, mais plus agréable, plus doux au cœur, parce qu'on y est avec les siens et qu'on y respire l'air de la patrie.

Nous éprouvons un sentiment de tristesse lorsque nous songeons que, dans quelques heures, il nous faudra dire adieu — peut-être pour toujours — au refuge Evariste Chancel et à ce joli petit lac de Puy-Vacher, placé là exprès par Dieu pour reproduire en grandeur naturelle les beautés environnantes et en doubler l'effet ; il nous faudra descendre de ce Thabor où l'on est si bien parce qu'on y sent le ciel tout près et qu'on y est avec des frères vraiment frères. Mais ce qui nous console, c'est que nous emportons, en nous en allant, l'image des personnes, des choses et des lieux qui nous ont émus. Notre — baptême — qui se sera accompli en quelques heures, aura une durée plus longue que les montagnes elles-mêmes. Les montagnes, tenant à la terre, passeront. Le souvenir, fixé à l'âme, participe à son immortalité. Et quand ce lac sera sec, quand les glaciers et les rochers se seront écroulés en gigantesques et terrifiantes avalanches, là-haut, dans la patrie des âmes, on pensera encore au baptême du 26 août 1894. Ainsi soit-il.

**Tour à tour, MM. les abbés Guiguet et Faure bénissent le Refuge ; le fusain de MM. Hareux et Renard a surpris et délicieusement rendu cette scène fugitive.**

M. l'abbé Louis Guiguet

(*Croquis de M. Hareux.*)

Pour l'agrément des touristes, une terrasse a été créée devant le Refuge ; elle est aujourd'hui surmontée d'une tente et munie d'une vaste table de fortune qui reçoit aisément 80 convives joyeux et amis. Même à cette altitude, il y a un coin honorifique. Il est occupé par le Docteur Vagnat, maire et conseiller général de Briançon, président actuel de la section ;

MM. Théodule Juge, maire de la Grave; Adolphe Mathonnet, adjoint ; Armand Chabrand, avocat, délégué de la Société des Touristes du Dauphiné ; Joseph Lemercier, délégué de la Direction centrale ; Hareux, l'abbé Guiguet, Renard-Brault et l'abbé Faure, le docteur Chevrot, président de la section de Lons-le-Saulnier, Giraud, sous-préfet de Briey, un fidèle *Gratineur*, Alphonse Chancel, ingénieur des Ponts-et-Chaussées, conseiller général des Hautes-Alpes, troisième président de la section;

Adrien Jugy, directeur de la *Durance*; Antoine Challier, trésorier ; Rousset, capitaine d'artillerie ; Stéphane Juge, l'auteur fêté du *Guide bleu des Alpes françaises* ; parmi eux, semées comme des fleurs, Mmes et Mlles Chancel, Mme Lemercier, Mmes Giraud et Chevrot qui, le matin, ont fait l'ascension du Replat de la Lauze (3550 m.). Citons encore MM. Escalle, notaire; Aune et Augier, avoués; Gravier, Charvin père et fils ; Turcan, agent-voyer; Doux, Reymond, percepteur, Auguste Juge, Penaud, Prat, Pelorce, Jules Mathonnet, Pélissier, Turin, Laurent, Edmond Chancel, Gustave Chancel, lieutenant d'artillerie, Vallard, Robert et son jeune fils, Félix Chancel, ingénieur ; Bernard, étudiant en droit à Nancy, Laporte, avocat au Vigan, etc., etc.

Jusqu'au dernier moment, j'avais espéré la venue de M. Aristide Albert, qui devait présider la réunion ; mais les arcanes des archives communales de Briançon ont eu pour lui plus d'attraits que l'Alpe en fête. Que du moins le portrait du *Vieux Briançonnais*, de celui qui, il y a tout juste quarante ans, débutait par un coup de maître avec un livre précurseur sur l'Oisans, paraisse pour la première fois.

M. Aristide Albert

Mais on doit se demander quelle fée avait ainsi transformé les abords d'un glacier en une salle de banquet ; tout simplement, M. et Mme Paillas, les excellents fondateurs de l'Hôtel des Alpes, à la Grave, et leur famille, qui ont bravement accepté la gérance du nouveau Refuge. D'ailleurs, le Lautaret leur a prêté un chef habile, maître Émile, un Dauphinois de Vienne, et Castillan, le brave guide, est venu de l'Alpe tout exprès pour veiller au service ; c'est dire que tout marche à souhait et qu'est savouré le menu suivant :

Thon mariné, Beurre de Puy-Vacher,
Saucisson de pays, Olives, Melons,
Volaille gros sel,
Pâté de veau à la gelée,
Haricots verts au beurre,
Dinde de Voiron,
Glace de la Meije à la vanille,
Desserts et miel en rayons de la Grave.

Glyptographie SILVESTRE & Cie, 97, rue Oberkampf.

AU REFUGE CHANCEL

et l'on déjeune avec un excellent champagne frappé, envoi gracieux de Mme Chancel; le *Gratin* seul manquait.

Entre temps, Madame Lemercier et Mlle Jeanne Chancel font une quête, et 250 francs tombent dans les escarcelles pour permettre à Paillas de remplacer une pauvre jument qui, heurtée la veille par un mulet abandonné, a filé dans le gouffre des Gorges. On redoute même un autre accident, car un âne a disparu dans la nuit; mais le lendemain je retrouverai le vagabond dans son Alpe fleurie du Villard d'Arène qu'il a regagnée sans dire bonsoir à personne.

Cependant commençait la série brève des toasts, avec MM. Vagnat, président; Juge, maire de la Grave, Chabrand, Lemercier, Alphonse Chancel. Les bans prolongés retentissaient; « notre société s'était rapidement accrue de tous les touristes de passage qui, assis dans l'herbe autour du Refuge familial, déjeunaient gaiement, communiaient avec notre foi alpine, et applaudissaient les premiers, si bien que 150 personnes purent saluer l'inauguration de cet ermitage à 2500 mètres, dans le royaume des glaces et des ouragans » (Stéphane Juge).

A quatre heures seulement, les caisses de champagne commençant à sonner le creux, on se décide à dévaler les degrés de la montagne; un arrêt encore et notre camarade Gustave Chancel aura le temps de grouper autour d'un appareil gigantesque une partie des excursionnistes et de réserver ainsi un pendant au croquis de MM. Hareux et Renard-Brault. Je remercie ici ces messieurs d'avoir bien voulu, avec une bonne grâce parfaite, nous aider à perpétuer le côté artistique de la fête; en même temps je m'excuse d'avoir enrichi de portraits cet article, sans en avoir demandé l'autorisation aux victimes; mais si je l'avais sollicitée, m'auraient-elles répondu ? et ne sait-on pas quelle destinée lamentable attend les revues sans illustrations !

A propos d'illustrations, j'ai bien oublié l'ami Tézier, du *Charivari* et du *Journal amusant*. Avant mon départ de Paris, l'inimitable artiste avait tenu à offrir à la Section une plaquette que chacun a eu grand plaisir à trouver sous sa serviette. Cette pièce délicieuse, qui deviendra une des raretés de l'iconographie dauphinoise, mérite bien une mention. Elle porte, en première page, le portrait de M. Evariste Chancel; en deuxième page, deux Meije idéalisées vues du Peyrou d'Amont et des Enfetchores, une scène alpestre où figure le lac des Prés-Sébérands, enfin la Meije centrale, (le Doigt de Dieu) et le Râteau, vus de la Meije orientale, d'après la première et unique photographie due à Miss Richardson.

Que Second soit heureux ! les efforts du Syndicat d'initiative, du Club alpin, de la Société des Touristes du Dauphiné, des Grimpeurs des Alpes et des Alpinistes dauphinois sont couronnés d'un succès qui tient du prodige. Pendant mon séjour dans les Alpes, j'ai eu la joie de voir circuler des légions de touristes, les guides et porteurs toujours en route, et il m'a été doux de coucher sur le sol dans les salles à manger et les *planques*, ce qui suffit à prouver que je n'ai pas la peau sensible et que les hôtels étaient toujours remplis.

L'année prochaine nous verrons inaugurer à Bourg d'Oisans un hôtel luxueux, au Lautaret un vaste chalet suisse, à l'Aigle un Refuge à 3300 mètres, au-dessus du glacier de Tabuchet, et, espérons-le, une route de voitures du Lautaret à l'Alpe.

PAUL GUILLEMIN.

LE GLACIER DU MONT-DE-LANS ET SÉRACS DU GLACIER DE GIROSE (1879)

(*Cliché P. Guillemin.*)

Glyptographie SILVESTRE et Cie, 97, Rue Oberkampf. — PARIS.

www.ingramcontent.com/pod-product-compliance
Ingram Content Group UK Ltd.
Pitfield, Milton Keynes, MK11 3LW, UK
UKHW022251170726
13837UKWH00006B/2505

9 782019 980801